LORENA PAJALUNGA

Juguemos a hacer Yoga

DE BUENA MAÑANA

ILUSTRACIONES DE ANNA LÁNG

VV kids

YOGA DE BUENA MAÑANA

La palabra YOGA procede de la raíz del sánscrito *yuj*, que significa 'enlazar', 'unir' o 'mantener'. Por eso, practicar yoga nos permite enlazar y poner en contacto elementos opuestos de manera armoniosa: cuerpo y mente, individuo y universo, cabeza y corazón, respiración y sensaciones, psique y memoria, actividad y pasividad, deseo y abandono.

El yoga clásico de Patanjali es un camino, una metodología y una filosofía en la que los ASANAS, o posturas, son solo una pequeña parte de la senda hacia la autorrealización, que recibe nombres diferentes en función de la cultura y la tradición. LAS POSTURAS SON, DE HECHO, LA FORMA PERFECTA DE DESPERTAR EN NIÑOS Y NIÑAS EL INTERÉS POR EL MUNDO DEL YOGA. Su enseñanza permite inculcarles los conocimientos y valores transcendentales que esta antigua disciplina lleva transmitiendo desde hace milenios.

Sé por experiencia que LOS NIÑOS Y NIÑAS TIENEN UNA CAPACIDAD EXTRAORDINARIA para ir más allá del mero aspecto corporal de las posturas y captar, de un modo intuitivo e instantáneo, su dimensión esencial y simbólica. Emerge así, de una manera espontánea, el verdadero sentido de la práctica del yoga.

Por eso es importante animar a nuestros hijos a practicar yoga, especialmente por la mañana. Esta disciplina es perfecta para ayudarles a DESPERTAR Y PREPARARSE PARA AFRONTAR EL DÍA, YA QUE LES LLE-

NARÁ DE ENERGÍA POSITIVA Y LES DEJARÁ UNA SENSACIÓN INCREÍBLE DE CALMA Y CONFIANZA.

Este libro presenta una serie de posturas y prácticas para reactivar la energía de los más pequeños y ayudarles a apreciar LO MARAVILLOSO QUE RESULTA COMENZAR UN NUEVO DÍA en armonía con la naturaleza, los amigos y el universo entero.

Los niños y las niñas poseen por naturaleza UNA FUENTE INAGOTABLE DE ENERGÍA, y por eso para sus padres, abuelos, profesores y todos aquellos implicados en su educación resulta complicado enseñarles a encontrar la mejor forma de expresarla y canalizarla, más que a descargarla, como se suele pensar equivocadamente. Gracias al valor simbólico y energético de las posturas que hemos seleccionado, EL YOGA PUEDE SER UNA HERRAMIENTA ÚNICA PARA CONSEGUIR ESE OBJETIVO "JUGANDO".

Enseñar yoga a vuestros hijos desde pequeños es como plantar una semilla en terreno fértil, con la seguridad de que, con los años, brotarán de manera natural en ellos cualidades como la determinación, la calma, la empatía y la concentración.

¡ES HORA DE DESPERTAR!

Por la ventana se cuela un tímido rayo de sol que ilumina la habitación. Todavía es temprano, pero Ana abre los ojos y mira a su alrededor. Bosteza despreocupadamente: se siente como nueva y rebosa energía. Lo primero que hace es acercarse a la cama de su hermanito.

—¡Teo, ya es de día! ¡Es hora de levantarse!

El pequeño se frota los ojos.

—¡Vamos a despertar a papá y mamá! —exclama Teo con una sonrisa en los labios.

—¿Y por qué no jugamos un rato con los peluches? Ayer nos divertimos mucho jugando con ellos antes de ir a la cama, ¿verdad?

—¡Muchísimo! —responde Teo asintiendo con entusiasmo—. Cuando terminamos me quedé muy tranquilo... ¡Y me dormí enseguida! ¡Pero ya estoy descansado! Quiero saltar a la comba, jugar, correr...

—¡Y nosotros también! —le interrumpe una vocecilla—. ¡No queremos quedarnos todo el día sentados en la estantería!

Ninguno de los hermanos se asusta al comprobar que ha sido el erizo de peluche de Ana el que ha hablado. Los juguetes cobran vida cuando Ana y Teo juegan con su imaginación: hablan, ríen y corretean por la habitación igual que ellos. ¡Es de lo más normal!

—¡Cuando nos despertamos somos incapaces de estarnos quietos! —añade el cocodrilo de Teo—. Es una sensación increíble, y tenemos una forma de aprovechar toda esa energía. Se trata de una postura secreta muy particular; una pose mágica que, si se hace bien, transformará nuestra energía matinal en diversión y vitalidad para todo el día!

—Ana, ven aquí —dice el erizo—. ¡Tú y yo comenzaremos!

Postura de la
MECEDORA

MECERSE Y RODAR

ACÉRCATE Y SIÉNTATE A MI LADO. AHORA HAZ COMO YO: PRIMERO CRUZAMOS LAS PIERNAS, NOS AGARRAMOS LOS DEDOS DE LOS PIES Y EXPULSAMOS EL AIRE MIENTRAS INCLINAMOS LA ESPALDA HACIA DELANTE Y LA ARQUEAMOS TODO LO QUE PODAMOS. Y AHORA NOS MECEMOS ADELANTE Y ATRÁS, COMO UNA MECEDORA.

1

Siéntate con las piernas cruzadas y pasa las manos por encima de los tobillos hasta agarrarte los dedos de los pies.

2

Arquea la espalda todo lo que puedas.

3

Poco a poco apóyate en la espalda, sin dejar de mantenerla arqueada, y mécete adelante y atrás.

Esta postura me ha servido para aprender a divertirme con mi cuerpo.

Postura de la
PALMERA

TALA-ASANA

¡ESTA POSTURA OS HARÁ SENTIR ALTÍSIMOS! ¡VAMOS A HACERLA JUNTOS! PONTE DE PIE JUNTO A MÍ, CON LAS PIERNAS UN POCO SEPARADAS. AHORA VAMOS A FIJARNOS EN UN PUNTO QUE TENGAMOS DELANTE: ASÍ NO PERDEREMOS EL EQUILIBRIO. A CONTINUACIÓN INSPIRAMOS Y ABRIMOS LOS BRAZOS, LEVANTÁNDOLOS HASTA QUE APUNTEN AL CIELO, CON LOS CODOS Y LOS DEDOS ESTIRADOS, Y LAS PALMAS DE LAS MANOS ENFRENTADAS. EXPULSAMOS EL AIRE MIENTRAS NOS PONEMOS DE PUNTILLAS INTENTANDO MANTENER EL EQUILIBRIO TODO LO QUE PODAMOS.

1

De pie, con las piernas ligeramente separadas, concéntrate en un punto fijo frente a ti.

2

Inspira y extiende los brazos hacia el cielo.

3

Expira y ponte de puntillas; intenta mantener el equilibrio tanto como puedas.

En esta postura me siento como una palmera altísima besada por el sol.

Recarga de
ENERGÍA

DUCHA-SHAKTI

NO SOY CAPAZ DE ESTARME QUIETO; ¿Y TÚ? ¡PUES PONGÁMONOS EN MARCHA! VAMOS A COMENZAR DÁNDONOS UN MASAJE EN LA CABEZA Y LA CARA CON LAS MANOS. AHORA NOS DAMOS GOLPECITOS SUAVES CON LA PUNTA DE LOS DEDOS POR TODO EL CUERPO, COMO SI NOS ESTUVIERAN CAYENDO ENCIMA UN MONTÓN DE GOTITAS DE LLUVIA. ¿NOTAS CÓMO RECUPERAS LA ENERGÍA DESPUÉS DE DORMIR TODA LA NOCHE?

1

Date un suave masaje en la cabeza y en la cara con las manos.

2

Date golpecitos con los dedos por todo el pecho y por los brazos; al mismo tiempo dobla poco a poco la espalda.

3

Continúa dándote golpecitos por las piernas hasta llegar a las plantas de los pies.

Con esta postura, he aprendido a despertar todo mi cuerpo,
¡desde los dedos de los pies hasta la cabeza!

Saludo al
SOL

OBSERVA LA LUZ DEL SOL ENTRANDO POR LA VENTANA: SUS RAYOS DORADOS CALIENTAN LA TIERRA Y AHUYENTAN LA OSCURIDAD DE LA NOCHE, DESPERTANDO A LA GENTE, LOS ANIMALES Y LAS PLANTAS. ¡NADA TRANSMITE MÁS ENERGÍA QUE EL SOL! ¡POR ESO ME GUSTA TANTO DARLE LA BIENVENIDA CADA DÍA CON POSTURAS Y PALABRAS ESPECIALES. ¡REPITE CONMIGO!:

1. Aquí estoy.
2. Soy un rayo de sol.
3. Me inclino para saludar a la Tierra.
4. Estoy listo.
5. Traigo luz a las montañas...
6. ... Y a los animales...
7. ... Y a la naturaleza.
8. Transmito calor a la Tierra.
9. Me escucho.
10. Me respeto.
11. Soy feliz.
12. Y estoy en paz.

Postura del
ÁRBOL

VRKS-ASANA

ACÉRCATE Y SITÚATE A MI LADO. VAMOS A FIJARNOS EN UN PUNTO FRENTE A NOSOTROS: ¡NOS AYUDARÁ A MANTENER EL EQUILIBRIO! AHORA DESPLAZAMOS EL PESO DEL CUERPO SOBRE LA PIERNA IZQUIERDA Y LEVANTAMOS EL PIE DERECHO. COLOCAMOS LA PLANTA DEL PIE EN LA CARA INTERNA DEL MUSLO IZQUIERDO. CUANDO LOGREMOS MANTENER LA POSTURA, JUNTAREMOS POCO A POCO LAS PALMAS DE LAS MANOS FRENTE AL PECHO, E IREMOS LEVANTANDO DESPACIO LOS BRAZOS POR ENCIMA DE LA CABEZA, COMO SI NUESTRAS MANOS Y BRAZOS FUERAN LA COPA DE UN ÁRBOL Y NUESTROS PIES LAS RAÍCES.

1

De pie, elige un punto fijo al que mirar para que te ayude a mantener el equilibrio.

2

Desplaza tu peso sobre la pierna izquierda y levanta el pie derecho. Después colócalo en el muslo izquierdo.

3

Junta las palmas de las manos frente al pecho y levanta los brazos por encima de la cabeza.

He aprendido la importancia de tener unas raíces bien profundas para poder mantener el equilibrio, incluso cuando me siento hiperactivo.

Postura del
GUERRERO PACÍFICO 1

VIRABHADRA-ASANA 1

VOY A ENSEÑARTE LAS TRES POSTURAS DEL GUERRERO PACÍFICO: EMPECEMOS CON LA PRIMERA. NOS PONEMOS DE PIE CON LAS PIERNAS BIEN SEPARADAS Y LOS BRAZOS ABIERTOS. DESPUÉS, GIRAMOS EL PIE DERECHO HACIA FUERA Y DOBLAMOS LA RODILLA HASTA FORMAR UN ÁNGULO RECTO. A CONTINUACIÓN, GIRAMOS EL CUERPO 90° HACIA LA DERECHA, JUNTAMOS LAS PALMAS DE LAS MANOS SOBRE LA CABEZA Y SEGUIMOS LAS MANOS CON LA MIRADA. LUEGO REPETIMOS LA POSTURA CON LA PIERNA IZQUIERDA.

1

De pie, separa bien las piernas y extiende los brazos a la altura de los hombros.

2

Gira el pie derecho hacia afuera y flexiona la rodilla hasta que quede a la altura del tobillo.

3

Gira el cuerpo 90° hacia la derecha, junta las palmas de las manos y síguelas con la mirada mientras las levantas hacia el cielo.

Ahora comprendo que incluso el guerrero más valiente debe aprender a concentrarse.

Postura del
GUERRERO PACÍFICO 2

___

VIRABHADRA-ASANA 2

COMENZAMOS DESDE LA POSTURA DEL GUERRERO 1 QUE NOS HA ENSEÑADO EL FLAMENCO. SEGUIMOS CON LA MIRADA EL MOVIMIENTO DE LA MANO DERECHA HASTA QUE NOS VEAMOS LA PALMA, QUE ESTARÁ ORIENTADA HACIA ARRIBA. NUESTRAS PIERNAS SON DELGADAS, PERO EN ESTA POSTURA LAS NOTO MUY FUERTES. DESPUÉS REPETIMOS LOS MOVIMIENTOS HACIA EL LADO CONTRARIO.

1

De pie, separa bien las piernas y extiende los brazos a la altura de los hombros.

2

Gira el pie derecho hacia afuera, y después flexiona la rodilla hasta que quede a la altura del tobillo.

3

Gira la cabeza para mirarte la mano derecha, manteniendo la palma orientada hacia arriba.

Esta postura evoca la fortaleza de un guerrero y te ayudará a afrontar el nuevo día.

Postura del
GUERRERO PACÍFICO 3

___

VIRABHADRA-ASANA 3

NOS COLOCAMOS EN LA POSICIÓN DEL GUERRERO 2 QUE NOS HA ENSEÑADO EL RATÓN. ¡MUY BIEN! AHORA DESPLAZAMOS NUESTRO PESO SOBRE LA PIERNA DERECHA, ESTIRÁNDOLA POR COMPLETO; A CONTINUACIÓN INCLINAMOS A LA VEZ BRAZOS, CABEZA Y TRONCO HACIA DELANTE HASTA QUE LA PARTE SUPERIOR DE NUESTRO CUERPO ESTÉ PARALELA AL SUELO. AL MISMO TIEMPO, LEVANTAMOS LA OTRA PIERNA, QUE TAMBIÉN DEBERÁ ESTAR EXTENDIDA, Y LA ALINEAMOS CON EL RESTO DEL CUERPO. ¿COMPRENDIDO? ¡PERFECTO! AHORA REPETIMOS LA POSTURA CON LA PARTE CONTRARIA DEL CUERPO.

1
Desplaza el peso de tu cuerpo sobre la pierna derecha y estírala.

2
Inclina tronco, brazos y cabeza hasta tenerlos paralelos al suelo.

3
Estira la otra pierna hasta trazar una línea recta imaginaria con el resto de tu cuerpo.

En esta postura, siento que la energía abandona mi cuerpo para poder compartirla con mis amigos y amigas.

Postura del
BAILE DE SHIVA

NATARAJA SHIVA-ASANA

PONTE DE PIE JUNTO A MÍ. DESCARGAMOS NUESTRO PESO SOBRE LA PIERNA IZQUIERDA, LEVANTAMOS EL PIE DERECHO HACIA LOS GLÚTEOS Y SUJETAMOS EL TALÓN CON LA MANO DERECHA. CON LA MANO IZQUIERDA, HACEMOS EL GESTO LLAMADO "CHIN MUDRA": SE TRATA DE UN SÍMBOLO MUY PODEROSO QUE IMPIDE QUE NUESTRA ENERGÍA SE DISIPE. ¡Y ES MUY FÁCIL DE HACER! MIRA MIS PLUMAS Y HAZ LO MISMO CON LOS DEDOS. AHORA INCLINAMOS UN POCO EL TRONCO HACIA ADELANTE, ALEJAMOS EL TALÓN DE LOS GLÚTEOS Y ARQUEAMOS LA ESPALDA. POR ÚLTIMO, LEVANTAMOS EL BRAZO COMO SI FUERA UNA FLECHA LANZADA DESDE EL ARCO DE NUESTRO CUERPO.

1

Manteniendo el equilibrio sobre el pie izquierdo, levanta el talón derecho hacia los glúteos y sostenlo con la mano derecha.

2

Haz el símbolo del "cin mudra" con la mano izquierda, mientras extiendes el brazo hacia delante y hacia arriba.

3

Inclínate un poco hacia delante, arquea la espalda, y aleja el talón de los glúteos.

El tucán me ha enseñando el valor y la fuerza que puede encerrar incluso el gesto más insignificante.

Postura del
RELÁMPAGO

VAJR-ASANA

ACÉRCATE Y SIÉNTATE SOBRE LOS TALONES. PENSARÁS QUE ESTA POSTURA ES ABURRIDA, PERO SI HACES LO MISMO QUE YO, ENSEGUIDA TE TRANSFORMARÁS EN... ¡UN PODEROSO RELÁMPAGO! NOS ER-GUIMOS, MANTENIENDO LAS RODILLAS EN EL SUELO, Y ADELANTAMOS LA PELVIS; DESPUÉS ALINEA-MOS LA ESPALDA CON LAS PIERNAS. INSPIRANDO, EXTENDEMOS LOS BRAZOS HACIA DELANTE CON LOS DEDOS ESTIRADOS HASTA QUE QUEDEN A LA ALTURA DE LOS HOMBROS. ESPIRAMOS Y TRAZA-MOS UNA Z CON EL CUERPO, INCLINANDO LA CABEZA, EL TRONCO Y LOS MUSLOS HACIA ATRÁS, MAN-TENIÉNDOLOS ALINEADOS. ¿NOTAS LA ENERGÍA DEL RELÁMPAGO FLUYENDO POR TODO TU CUERPO?

1
Comienza por sentarte sobre los talones. A continuación levanta el cuerpo, manteniendo las rodillas apoyadas en el suelo, y lleva la pelvis hacia delante.

2
Inspira, alinea la espalda con las piernas y extiende los brazos.

3
Espira e inclina la cabeza, el tronco y los muslos hacia atrás, dibujando una Z con el cuerpo.

Con esta postura he aprendido a ser ligero

y fresco como el aire que respiramos

tras una tormenta primaveral.

Postura de la
PALOMA

KAPOTA-ASANA

MI POSTURA REQUIERE UN POCO DE EQUILIBRIO: NOS ARRODILLAMOS Y COLOCAMOS LA PIERNA DERECHA HACIA DELANTE. DESPLAZAMOS NUESTRO CUERPO HACIA DELANTE, AL TIEMPO QUE ESTIRAMOS LA PIERNA IZQUIERDA HACIA ATRÁS. AHORA PONEMOS LA MANO DERECHA EN EL MUSLO DERECHO Y GIRAMOS LA CABEZA HACIA ATRÁS. LEVANTAMOS EL PIE IZQUIERDO HASTA QUE LO PODEMOS AGARRAR CON LA MANO IZQUIERDA, ¡PERO SIN PERDER EL EQUILIBRIO! NOS CONCENTRAMOS EN UN PUNTO FIJO PARA PODER MANTENER EL EQUILIBRIO MÁS TIEMPO. ¿PROBAMOS CON EL OTRO LADO DEL CUERPO?

1

Arrodíllate, adelanta el pie derecho con una zancada y desplaza todo tu peso sobre él.

2

Gira la cabeza hacia atrás y, sin perder el equilibrio, levanta el pie izquierdo hasta que puedas agarrarlo con la mano izquierda. Repite la postura con el otro lado del cuerpo.

Gracias a esta postura me siento como un pájaro que canta al amanecer.

Postura del
GALLO

KUKKUT-ASANA

¡POR FIN ME TOCA A MÍ! TE VOY A ENSEÑAR UNA POSTURA QUE REQUIERE MUCHO EQUILIBRIO Y MUCHA PRÁCTICA PARA PODER HACERLA BIEN; PERO UNA VEZ QUE EMPIECES A DOMINARLA, ¡TE SENTIRÁS REBOSANTE DE CONFIANZA Y VALOR! ¡MANOS A LA OBRA! NOS AGACHAMOS PLANTANDO BIEN LOS PIES EN EL SUELO CON LA PELVIS ELEVADA. EXTENDEMOS LOS DEDOS Y APOYAMOS LAS MANOS EN EL SUELO FRENTE A NOSOTROS, CON LOS CODOS FLEXIONADOS. DESPLAZAMOS POCO A POCO EL PESO DE NUESTRO CUERPO DESDE LOS PIES A LAS MANOS HASTA TOCARNOS LOS CODOS O LOS BRAZOS CON LAS RODILLAS. FINALMENTE, LEVANTAMOS MUY DESPACIO PRIMERO UN PIE Y LUEGO EL OTRO HASTA QUEDAR APOYADOS ÚNICAMENTE SOBRE LAS MANOS.

1
Agáchate con los pies bien plantados en el suelo y la pelvis elevada.

2
Extiende los dedos y apoya las manos en el suelo; ve desplazando tu peso sobre los brazos, inclinándote un poco hacia adelante.

3
Levanta primero un pie y luego el otro y mantén el equilibrio con las manos mientras levantas los pies del suelo.

Esta postura me llena de valor y ahuyenta todos mis miedos.

Postura del
GUERRERO EN MEDITACIÓN

___

VIRASANA (VARIANTE)

¡LA POSTURA DEL GALLO ES TODA UNA ACROBACIA! MI POSTURA FAVORITA ES MUCHO MÁS SEN-CILLA, ¡PERO ES PERFECTA PARA RECUPERAR FUERZAS! VEN Y TE LA ENSEÑARÉ. SENTADOS SO-BRE LOS TALONES, COLOCAMOS LA PIERNA DERECHA DE FORMA QUE LA PLANTA DEL PIE QUEDE APOYADA EN EL SUELO, A LA ALTURA DE LA RODILLA IZQUIERDA. PARA ACABAR, PONEMOS EL CODO DERECHO EN LA RODILLA Y APOYAMOS LA BARBILLA EN LA MANO.

1

Siéntate sobre los talones con la espalda bien derecha.

2

Ahora adelanta el pie derecho y colócalo a la altura de la rodilla izquierda.

3

Coloca el codo en la rodilla y apoya la barbilla en la mano derecha, relajando la cabeza para que todo su peso descanse sobre la palma de la mano.

El cerdito me ha enseñado que la paz y el silencio me permiten encontrar
las maravillas que ocurren en mi interior para así poder encontrar
esas mismas maravillas en el mundo que me rodea.

Postura del
DIAMANTE

SUPTA VAJRA-ASANA

¡ESPERA, QUÉDATE COMO ESTÁS! ¡VAMOS A PARTIR DE LA POSTURA DEL GUERRERO EN MEDI-TACIÓN PARA HACER OTRA QUE TAMBIÉN NOS AYUDARÁ A CONSERVAR LA ENERGÍA! DESPLA-ZAMOS LOS PIES HACIA FUERA DE FORMA QUE NUESTROS GLÚTEOS TOQUEN EL SUELO. AHORA COLOCAMOS LOS CODOS EN EL PISO Y ARQUEAMOS LA ESPALDA INCLINÁNDONOS HACIA ATRÁS HASTA QUE LOS CODOS Y LA CABEZA TOQUEN EL SUELO.

1

Sentado sobre los talones, desplaza los pies
hacia afuera de manera que toques
el suelo con los glúteos.

2

Arquea la espalda hacia atrás hasta que
los codos y la cabeza toquen al suelo.
Concéntrate en el centro de tu pecho
e imagina que respiras con el corazón.

Con esta postura he aprendido a sentir
la joya resplandeciente que hay en mi corazón.

Postura del
SABIO MARICHY

MARICHY-ASANA

DESPUÉS DE HABERTE CONVERTIDO EN RELÁMPAGO, ¿QUÉ TE PARECE SENTIRTE COMO UN TORNADO? ¡PARA ESO SIRVE ESTA POSTURA! NOS SENTAMOS CON LAS PIERNAS ESTIRADAS. INSPIRAMOS MIENTRAS LEVANTAMOS LA RODILLA DERECHA Y APOYAMOS LA PLANTA DEL PIE DERECHO EN EL SUELO. DESPUÉS EXPULSAMOS EL AIRE Y ABRIMOS LOS BRAZOS COMO SI FUERAN LAS ALAS DE UN PÁJARO MAJESTUOSO. GIRAMOS EL TRONCO A LA DERECHA, COLOCAMOS LA PUNTA DEL CODO IZQUIERDO EN LA PARTE EXTERIOR DE LA RODILLA DERECHA Y FLEXIONAMOS EL BRAZO, CON LA PALMA DE LA MANO ABIERTA. FINALMENTE, MIRAMOS HACIA ATRÁS, MÁS ALLÁ DE LA MANO QUE TENEMOS APOYADA EN EL SUELO.

1

Siéntate con las piernas
estiradas frente a ti.
Pon la planta del pie
derecho en el suelo, junto
a la rodilla izquierda.

2

Espira, abre los brazos
y gira el tronco
hacia la derecha.

3

Coloca la punta del codo
en la parte exterior de la
rodilla derecha y apoya la
mano derecha en el suelo.
Mira hacia atrás.

La cabra me ha ayudado a comprender cómo puedo retener mi energía en una espiral: ¡conmigo en el centro!

Postura del
MEDIO LOTO
con namaskara mudra

ARDHA PADMA-ASANA CON NAMASKARA MUDRA

¡ESTA ES LA ÚLTIMA POSTURA QUE APRENDERÁS! NOS SENTAMOS CON LAS PIERNAS ESTIRADAS; FLEXIONAMOS LA PIERNA DERECHA Y PONEMOS EL TALÓN EN LA ENTREPIERNA. DOBLAMOS LA PIERNA IZQUIERDA BAJO LA DERECHA. CON LA ESPALDA DERECHA, JUNTAMOS LAS PALMAS DE LAS MANOS FRENTE AL PECHO. ESTE GESTO TIENE UN NOMBRE DIFÍCIL: "NAMASKARA MUDRA", ¡PERO ES MUY PODEROSO! FINALMENTE, APRETAMOS LAS MANOS, ABRIENDO BIEN LOS CODOS.

1

Siéntate con las piernas cruzadas y la espalda bien derecha.

2

Pon tu pie más flexible en la cara interna del muslo opuesto, cerca de la entrepierna, sin mover el otro pie de su sitio.

3

Coloca las manos en posición de "namaskara mudra", frente al pecho, para dar gracias por un nuevo día.

¡Por fin, gracias a todos estos ejercicios, estoy listo para afrontar el maravilloso día que tengo por delante! ¡Námaste!

BUENOS DÍAS
Secuencia de posturas de yoga

Aunque este libro está dirigido a los más pequeños, nos gustaría transmitir a los padres que las posturas de yoga no son solo un pasatiempo, ya que todas y cada una de ellas son beneficiosas y llevan asociadas determinadas cualidades energéticas. No obstante, para que sean efectivas, deben seguir una secuencia muy precisa; de hecho cada postura tiene un significado y un orden que no se ha fijado al azar y que se debe por tanto respetar. Las posturas mostradas en este libro pueden practicarlas también los adultos, para que también ellos disfruten de sus beneficios de principio a fin.

1. Mecedora; 2. Palmera; 3. Recarga de energía; 4. Saludo al Sol; 5. Árbol; 6. Guerrero pacífico 1; 7. Guerrero pacífico 2; 8. Guerrero pacífico 3; 9. El baile de Shiva; 10. Relámpago; 11. Paloma; 12. Gallo; 13. Guerrero en meditación; 14. Diamante; 15. Sabio Marichy; 16. Medio loto.

LORENA V. PAJALUNGA

Hace treinta años, el maestro Swami Satyananda, de la escuela de yoga Bihar en Munger, en la India, le encomendó a Lorena V. Pajalunga (Swami Pragya Chaksu Saraswati) la tarea de enseñar yoga a los niños y las niñas. Con este objetivo, Lorena fundó la Associazione Italiana Yoga per Bambini (AIYB), que se ha convertido en un máster profesional de gran nivel en la Facultad de Ciencias de la Educación de la Universidad Suor Orsola Benincasa de Nápoles. Lorena es licenciada en Ciencias Humanas para la Educación e imparte clases de yoga en el laboratorio GiocaYoga® del Departamento de Pedagogía Corporal de la Universidad de Milán-Bicocca.

ANNA LÁNG

Anna Láng es una ilustradora y diseñadora gráfica nacida en Hungría y residente en Milán. Estudió en la Universidad de Bellas Artes de Budapest, donde se licenció en Diseño Gráfico en 2011. Trabajó durante tres años en una agencia de publicidad mientras colaboraba con el Teatro Nacional de Budapest. En 2013 ganó el premio de la ciudad de Békéscsaba, en la Bienal del Diseño Gráfico de Hungría, con una serie de carteles sobre Shakespeare. En la actualidad se dedica a su gran pasión: ilustrar libros infantiles.

VV Kids

La edición original de este libro ha sido creada y publicada por White Star, s.r.l. Piazzale Luigi Cadorna, 6. 20123 Milan-Italy. www.whitestar.it

White Star Kids® es una marca registrada propiedad de White Star s.r.l. © 2018 White Star s.r.l.

© 2018 EDITORIAL VICENS VIVES, S.A. Sobre la presente edición.

Depósito Legal: B. 13.363-2018
ISBN: 978-84-682-5955-0
Nº de Orden V.V.: MA17

Traducción española de Alberto Fuertes.